Michael Kernbach

Baujahr 1949

LAPPAN

Baujahr 1949 Sowas baut heut keiner mehr!

Wie für jeden Jahrgang mit der „4" vorneweg, gilt auch für uns, den Letztgeborenen dieses historisch gesehen eher suboptimal verlaufenen Jahrzehnts, mit Dienstantritt auf Erden die Formel: Es kann nur besser werden. Denn die Welt, wie wir sie damals vorgefunden haben, würde garantiert keiner mehr zurückhaben wollen. Auch, wenn es einigen der Life-Work-Balance-Milchschnitten der heutigen Einhorn-Generation sicher nicht schaden würde.

Jede Wette, keine fünf Minuten ginge das gut!

Wir hatten ja nichts. Und wenn doch, bekam's Papa.

Unser erstes Kinderbettchen stand oft noch in einer Notunterkunft oder in einer völlig überbelegten Wohnung und viele von uns lernten den Luxus der „eigenen vier Wände" erst mit den ersten Schulaufgaben kennen. Weil es in den Parzellen der neuen Mietshäuser der Wohnungsbauprogramme nach wie vor ziemlich beengt zuging, wohnten wir als Kinder einfach draußen. Und zwar jahreszeitenunabhängig. Ohne Funktionskleidung und ohne Ortungshilfen wie Smartphones oder einem organisierten Wachdienst durch unsere Eltern.

Zu unserem großen Glück waren Allergien und Nahrungsmittelunverträglichkeiten noch nicht erfunden. So konnten wir unsere Wasservorräte aus einer Flasche teilen und uns durch das Verspeisen von Regenwürmern etwas Geld dazuverdienen. Drinnen, bei Mama, gab es mangels Fernseher sowieso nichts zu sehen und auch sonst nicht viel zu holen. Ein Lebensstil, der im Westen alsbald dem Wirtschaftswunder zum Opfer fiel. Dem Osten hingegen blieb das mit der Wirtschaft ein vor allem rätselhaftes Wunder.

Kein Wunder wiederum, dass man dort einen Sichtschutz gegen die Protzerei der westlichen Nachbarn installierte. Besser hätte man allerdings in vernünftigen Schallschutz investiert, denn das „Yeah-Yeah-Yeah" der Beatles war nicht gerade die Sorte Signal, das die Völker nach Meinung unserer alten Herrschaften hören sollten, und zwar in Ost wie West. Dem Verbot des Abspielens dieses „Hottentottengedudels" mussten wir dann erstmal mit Nachdruck widersprechen und weil wir gerade schon mal so schön beim häuslichen Ungehorsam waren, warfen wir gleich alle anderen ollen Spießerregeln unserer Altvorderen mit über Bord und lebten in WGs die freie Liebe in Minipli und Maxirock.

Dass heute jeder jeden heiraten darf und Homosexuelle nicht nur frei rumlaufen, sondern sogar Minister werden können, dafür haben wir den ersten Stein gelegt!

Wir – die Game-Changer vom Baujahr 49!

Wenn alle Homies zugegen waren, konnte es in unserem ersten Zuhause ganz schön kuschelig werden. Besonders nachts war das ein echtes Problem. Unsere Eltern und Geschwister lernten aber schnell, im Stehen zu schlafen und schufen so die kulturelle Basis für ein Miteinander, das es den öffentlichen Verkehrsbetrieben bis heute erlaubt, in den Hauptverkehrszeiten viel zu wenige Wagen einzusetzen.

Baujahr 1949 — Das dicke Ende kommt erst noch

Unsere Eltern, noch rank und schlank und voller Zuversicht, kurz vor Beginn der richtig fetten Jahre. Die Menschen schauten damals oft nur von einem Tag auf den anderen, was dazu führte, dass viele von ihnen stark kurzsichtig wurden.

Auch wenn die Welt in unseren Kleinkindtagen nach wie vor ziemlich in Trümmern lag, war trotzdem schon längst nicht mehr alles schlecht. So verbrachten wir beispielsweise die ersten Jahre unseres Lebens eigentlich in genau dem „Weight Watchers"-Paradies, nach dem heute alle hungern, denn zu Beginn des neuen Jahrzehnts hatte die gesamte Bevölkerung zu praktisch 100% Idealgewicht. Das Geheimnis dafür lag hier aber weniger in Paleo- oder Low-Carb-Diäten, sondern in ausgeklügelten Lebensmittelrationen, die verschiedene Formen von Mangelernährung geschickt miteinander verknüpften.

Das komplette Fehlen von Fast-Food-Ketten, Dönerbuden oder generell von Nahrungsmitteln unterstützte diesen Trend zur schlanken Linie. Leider gab es aber noch keine aufklärerischen Sendungen wie „Germany's Next Topmodel", die unseren Altvorderen die alternativlose Wichtigkeit einer Size-Zero-Figur vermittelt hätte.

Nicht zuletzt deswegen war wohl Essen DAS Ding und „fett und viel" ein Lebensziel, für das Mutter und Vater auch noch nach Feierabend schufteten, denn mangels funktionierender Massentierhaltung waren Butter, Sahne, Koteletts und Braten nach Aufhebung der Rationalisierung 1950 so teuer wie heutzutage im Demeter-Laden. Auch bei anderen Genussmitteln schlug der Kapitalismus erbarmungslos zu. Ein Kilo Kaffebohnen zum Beispiel kostete 1952 sage und schreibe 32,50 DM oder einen halben Wochenlohn und war damit sogar noch teurer als ein heutiger „Frappuccino Caramel" bei Starbucks! Im Osten gab es solche geradezu perversen Preisentwicklungen allerdings nicht. Dort funktionierte der Handel nach dem sozialistischen Motto:

Was es nicht gibt, kostet auch nichts.

Kaum dass die Wärme aus der Zentralheizung kam und nicht mehr in Form von Kohlen aus dem Keller in die Wohnungen geschafft werden musste, verbündeten sich der zunehmende Mangel an häuslicher Bewegung mit den Käseigeln, dem allgegenwärtigen Bier und dem Schweinsbraten zu einer Deformationsoffensive, der viele unserer Väter zum Opfer fielen. Sehr zur Freude der Herrenschneider und Hausärzte!

Neben einer dicken Plauze wünschten sich unsere Erziehungsberechtigten außerdem eine Wohnungseinrichtung, ein Auto und die gierigsten unter ihnen einen eigenen Fernseher und einen elektrischen Kühlschrank. Und, dem Marschall-Plan sei Dank: Ihnen wart gegeben – was sehr bald zu einer derartigen Vergrößerung der Volkskörper führte, dass Meister Rubens seine wahre Freude an der Masse möglicher Modelle gehabt hätte.

Kein Wunder, dass bei so viel Konsumgeilheit kaum Zeit für unsere zarten Kinderseelen blieb. Man setzte uns morgens vor der Haustür aus und sammelte uns abends wieder ein. Keiner wäre auf die Idee gekommen, sich Sorgen um uns zu machen. Schließlich schoss niemand mehr aus dem Hinterhalt und auch die Luftangriffe waren schon seit Jahren eingestellt. Die Welt war nun ein Platz des himmlischen Friedens, zumindest aus Sicht unserer Eltern, die deutlich rauere Zeiten miterlebt hatten.

Not kennt kein Gebot. Weil Bewegung dringend geboten, für einen Hund jedoch weder Geld noch Platz verfügbar war, mussten viele von uns als Sparringspartner unserer Mütter beim täglichen Gassigehen ran.

Wenn uns doch etwas passierte, winkte bei Verletzungen unterhalb eines mehrwöchigen Krankenhausaufenthalts maximal eine Kur mit heilender Mutterspucke. Für zerrissene Kleidung war das Strafmaß ungleich härter. Körperliche Züchtigung war schließlich nicht verboten, sondern ein essentielles Erziehungswerkzeug, von dem gerne und reichlich Gebrauch gemacht wurde.

Baujahr 1949 Butterbrot und Spiele

Weil das Auto eine Art iPhone der 50er-Jahre war – jeder wollte eins, jede Menge Menschen besaßen keins – gehörte die Straße weitestgehend uns. Der Verkehr war so licht, dass man zwischen zwei Fahrzeugen locker einen kompletten Hickelkasten auf die Fahrbahn malen konnte, ohne einen Stau oder ein Hupkonzert auszulösen. Wir waren von klein auf derartig daran gewöhnt, auf die Straße zu gehen, dass wir es später auch als junge Erwachsene einfach nicht lassen konnten.

Für uns als Kinder war der Asphalt aber zunächst vor allem eins: ein gut geglätteter Untergrund für alle fahrbaren Untersätze, derer wir habhaft werden konnten. Von Luxusgefährten wie Rollern oder gar Fahrrädern bis hin zu Seifenkisten, die wir mit unseren Freunden und älteren Geschwistern selbst zusammenzimmerten und die jede heute bekannte Sicherheitsnorm für Fahrzeuge im öffentlichen Raum verletzten.

Was haben wir uns bloß dabei gedacht?! Die ausgelassene, fröhliche Stimmung auf vielen unserer Kindheitsfotos, trotz des offenkundigen Fehlens von Markenspielzeug oder animierter Unterhaltung, stellt uns heute vor die Frage, ob unsere Eltern uns möglicherweise mit Drogen gefügig gemacht haben. Anders ist so viel offenkundige Zufriedenheit unseren Enkeln jedenfalls kaum zu erklären.

Weil niemand Helme oder Schutzkleidung trug, zogen sich die Jungs bei ihren Wettfahrten reichlich Beulen, blaue Flecke und Schrammen zu, die man sich abends gegenseitig stolz zeigte oder von den Mädchen verarzten ließ, die die Wunden als Krankenschwestern mit Blättern von Sträuchern fachgerecht versorgten – wenn es denn ihre Zeit zuließ. Schließlich war das Tagesprogramm der Damen mit Hula-Hoop, Abzählreimen und Gummitwist mehr als ausreichend gefüllt. Dazu kamen auch noch die gemischten Aktivitäten wie Hänseln, Verstecken und Fangen, oder, saisonal bedingt, Schwimmen und Schlittenfahren.

Einen Fernseher oder gar ein Smartphone in diesen eng getakteten Alltag einzufügen, hätte sicher bei vielen von uns zu einem frühkindlichen Burn-out geführt.

Es gab draußen ständig so viel zu tun, dass wir bis zum Abend einfach nie fertig wurden und am nächsten Tag weiterspielen mussten.

Sonntags, wenn man nicht draußen rumspringen durfte wie man wollte, sondern in den kratzigen guten Sachen mit der größten Gefahrenquelle unseres jungen Lebens, unserem Vater, an einem Tisch sitzen musste, entdeckten wir dann eine besondere Kraft: die Langeweile. Eine Macht, die uns lehrte, mit unseren Gedanken in fantastische Welten zu entfliehen und das Kaffee-und-Kuchen-Martyrium unbeschadet und ohne sanktionsfähiges Fehlverhalten zu überstehen.

Viele von uns wurden dadurch so versierte Geschichtenerfinder, dass sie später einigermaßen davon leben konnten, wie zum Beispiel Peter Maffay, Patrick Süßkind oder Ken Follett. Das konnten wir damals aber noch nicht ahnen. Für uns war die Fantasie erst einmal nur der Notausgang aus der bleiernen Laaaaangeweile.

Ganz ohne Spielsachen ging es auch bei uns nicht. Selten verwendeten wir diese jedoch monothematisch, sondern vernetzten die Tools in virtuellen Spielwelten, die nur wir wahrnehmen konnten, obwohl wir keine AR-Brillen trugen. Faszinierend!

Baujahr 1949 Willkommen in der Kreidezeit!

Der Begriff „Ernst des Lebens" machte schon länger die Runde und entriss uns jeden Sommer immer wieder geliebte Spielkameraden, bis wir eines Tages selber dran waren und eingeschult wurden. Von nun an war jeder Tag ein Sonntagvormittag für uns, denn ab jetzt hieß es jeden Morgen frisch gewaschen stillzusitzen und langweiligen Erwachsenen zuzuhören. Schlimmer noch, es wurde nicht wie zu Hause erwartet, dass wir lediglich die Klappe hielten, wenn die Großen redeten, nein, der Lehrer war der Meinung, dass wir uns seine öden Monologe auch noch merken sollten und stellte darum, wie aus dem Nichts, oft hundsgemeine Fragen, deren richtiger Beantwortung er gerne mit Stimulantia wie Backpfeifen, Kopfnüssen oder langgezogenen Ohren nachhalf.

Der pädagogische Fachkreis „Heiße-Ohren-Untertertia" tagte regelmäßig und fand immer wieder Gelegenheit, neueste Hieb- und Wischtechniken an den lebenden Probanden zu testen, die unsere Eltern ihnen dafür gerne zur Verfügung stellten.

Anders, so die allgemeine Überzeugung, war unserem Jahrgang nichts Gescheites einzubläuen. Das Vertrauen in unsere geistigen Fähigkeiten war offenbar so gering, dass man uns die ersten beiden Schuljahre lediglich mit Kreide auf Schiefertafeln das Rechnen und Schreiben üben ließ, dies wohl, um an unsere schriftlichen Missetaten kein wertvolles Papier zu verschwenden. Oder aber, sehr viel wahrscheinlicher, um einen weiteren Grund für noch mehr Backpfeifen zu haben, wenn wir wieder einmal aus Versehen mit dem Ärmel die Tafel ausgewischt hatten.

Wir lernten trotzdem schnell und gerne, denn besonders das Lesen öffnete uns eine Welt, die wir bisher nur mit Hilfe unserer Mütter während der „Gute-Nacht-Geschichte" betreten konnten – die Welt der Romane und Geschichten. Zwischen den Buchdeckeln wohnten eine Menge neuer Freunde und Abenteuer und bald schon waren Robinson Crusoe, Winnetou, Heidi oder Pünktchen und Anton nicht mehr aus unserem engsten Bekanntenkreis wegzudenken. Neben dem Lesen lernten wir viele weitere Dinge, die wir später im Leben noch etliche Male gut gebrauchen konnten, etwa wie man mit offenen Augen schläft (eine Schwerpunkt-Ausbildung, die der Schule den Ehrentitel „Penne" bescherte), wie man in diesem tranceähnlichen Zustand trotzdem noch Interesse heuchelt oder im richtigen Moment einfach mal zur Toilette geht. Fielen wir dann doch mal durch eine blöde Unachtsamkeit negativ auf, bekamen wir zusätzliche Zeitkontingente zur Verfügung gestellt, um an unserer Unsichtbarkeit zu arbeiten. Das nannte man „Nachsitzen" und wurde oft mit häuslichem Applaus bedacht, allerdings klatschten unsere Eltern dabei mit unserem blanken Hintern.

Wenn es etwas gab, was wir fast noch mehr liebten als Bücher, dann waren es Schundhefte aus Amerika – auch wenn wir wussten, dass wir durch den Konsum dieser Blättchen schlagartig an einem Gehirnriss sterben oder zumindest vom rechten Weg abkommen würden. Der Besitz eines einzigen Micky-Maus-Heftes hatte oft den Gegenwert von einer Woche Hausarrest.

1949 Das Duale System – Schule ist schwere Kost!
Baujahr

Konnte man die ersten vier Volksschuljahre noch mit korrekter Beteiligung an dem althergebrachten, kollektiven Begrüßungsritual des Strammstehens (nun lediglich ohne den aus der Mode gekommenen Führergruß) sowie eisernem Schweigen während des Unterrichts und besonders inbrünstiger Tafelpflege einigermaßen unbeschadet überstehen, blies der Wind ab Klasse fünf nun eindeutig rauer. Weder im Westen noch im Osten des Landes war man besonders scharf auf zu viele Akademiker. Im Westen, weil jede Hand fürs Wirtschaftswunder gebraucht wurde, im Ostern, weil zu viel Bildung die Menschen dazu verführt hätte, Karl Marx selbst zu lesen und dabei festzustellen, dass dort weder von einer Einheitspartei noch von Fünfjahresplänen die Rede war.

Wohl noch unter dem Eindruck der eigenen Landser-Ausbildung war es unseren Eltern und Lehrern wichtig, dass wir schon früh lernten, mit schwerem Marschgepäck durchs Leben zu gehen. Darum befüllten sie unsere Tornister, unabhängig vom Stundenplan, gerne gleich mit allen Büchern. Besonders beliebt war hier der Diercke-Weltatlas, der mit einem Lebendgewicht von gefühlten 25 kg bei uns zu Kreuze schlug.

Auch bei unseren Gripsmuskeln machte man keine Kompromisse und erwartete von uns, dass wir das ganze Zeug, das in den dicken Wälzern stand, nicht nur auf dem Rücken, sondern auch in der Birne mit uns herumtrugen. Von Verstehen war keine Rede, es musste einfach richtig sein. Sonst aua!

Der sicherste Weg, uns möglichst schnell in die Fabriken und Büros zu bekommen, war natürlich Bildung. Die schleppten wir in unseren zentnerschweren Tornistern jeden Morgen zur Schule, wodurch unser Schulweg Teil einer Art dualer Ausbildung wurde, da man uns so auf die harte, körperliche Anstrengung im Berufsleben vorbereitete.

Im Klassenraum selbst wurde das Wissen dann aus unseren Tornistern raus- und auf uns losgelassen. Wie eine Horde tollwütiger Hunde fielen Formeln, Fakten und Grammatikregeln über uns her und machten uns neben den Beinen nun auch noch die Rübe schwer. Unseren Lehrern, von denen viele ihre pädagogische Ausbildung bei der Wehrmacht und in Gefangenenlagern erhalten hatten, schien daran nichts schändlich zu sein. Immerhin wurde niemand bei einer falschen Antwort standrechtlich exekutiert, sondern im schlimmsten Fall mit einer kleinen Handbewegung auf die eigene Fehlerhaftigkeit aufmerksam gemacht – was natürlich nur wirksam war, wenn es bei besagter Handbewegung zu einem klaren Kontakttreffer mit unseren Ohren kam. Kein Wunder, dass die meisten von uns nach der achten Klasse das Weite suchten, um sich in der Lehre schlecht behandeln zu lassen. Dort wurde man für die Funktion des Watschen-August und Sündenbocks wenigstens bezahlt.

Manche von uns wagten trotzdem den Sprung in die Mittelschule oder gar aufs Gymnasium, meistens, weil der Vater etwa eine Ohrenarztpraxis besaß und damit das Schicksal des Nachkommen bereits besiegelt war. Unsere Wünsche standen dabei nicht zur Debatte. Dass Kinder eine eigene Meinung haben könnten, konnte zum damaligen Zeitpunkt noch nicht empirisch nachgewiesen werden.

1949 – Groß und Stark – Was Mama uns ins Essen machte

Baujahr

Egal, wie wichtig unser Spiel gerade war oder wie knapp wir beim Fußball vor dem Ausgleich standen, wenn der Ruf „Essen ist fertig!" aus den Häusern erschall, ließen wir alles stehen und liegen und rannten, immer der Nase nach, an die Herde unserer Mütter. Mutter konnte aus allem, was sich irgendwie in einen Topf sperren ließ, das köstlichste Essen zaubern, gegen das auch heute noch kein 3-Sterne-Koch anstinken könnte. Keine Erinnerung ist so lecker wie das, was wir uns mit unseren Zungen damals merken durften!

Der falsche Hase als großkalibrige Kalorienbombe war eine der ersten Waffen, die in Deutschland wieder zugelassen wurde, um durch Fettleibigkeit den deutschen Wehrkörper langfristig dienstuntauglich zu machen. Ein Witz von einem Vorhaben, denn für die Schaffung dieses Fett-Trojaners musste oft tagelang gefastet werden, so teuer und selten waren noch Zutaten wie das hierfür unvermeidliche Hackfleisch. Oder die Eier und Frankfurter Würste, mit denen der mit Majoran, Salz, Pfeffer und Knobi gewürzte und mit nassem Weizenbrot gestreckte Hackleib scharf gemacht wurde. Ist die Ladung gut in der Fleischmasse verbracht, schließt man den Hack-Korpus und formt ihn zu einem bombenähnlichen Geschoß, das bei 220 Grad 50 Minuten lang in einem Ofen gehärtet wird. Zur Verhinderung von Rissen, gelegentlich Wasser oder Brühe zuführen. Weil der falsche Hase kein Fell hat, braucht man ihm dieses nicht über die Ohren zu ziehen.

Falscher Hase

Nicht weil es keine echten Hasen gegeben hätte, war der falsche Hase so beliebt, sondern weil er deutlich mehr Fett an den nicht vorhandenen Knochen hatte, als sein Kollege aus der freien Wildbahn.

Toast Hawaii

Die Südfrucht ist die Königin unter den Nahrungsmitteln. Ein scheues Obst, das nur unter bestimmten Bedingungen wie eigener Wohnung und regelmäßigen Einkommen am Esstisch heimisch wird.

Toast Hawaii war für unsere Eltern kein Gericht im eigentlichen Sinne. Toast Hawaii war ein Statement, ein Statussymbol, heute vergleichbar mit dem neuen iPhone oder Bildern von der Karibikkreuzfahrt. Freunde mal eben zum Toast Hawaii nach Hause einzuladen, das hatte enorm viel Subtext: „Ich habe ein Zuhause. Es ist groß genug, um neben den Bewohnern weitere Leute aufzunehmen. Ich verfüge über Luxuslebensmittel, die ich dort bereits horte und deren Verlust mir nichts bedeutet." Botschaften, die auch noch ankamen, als eigentlich jeder über diese Möglichkeiten verfügte. Der Toast an sich ist schnell gemacht: Toast, Schinken, Ananasscheibe in den Ofen und mit Gouda überbacken. Cocktailkirsche drauf. Wie gesagt, es geht nicht um das Essen …

Für 10 Pfennig Süßes beim Bäcker

Am Ende der Nahrungskette thronten die Süßwaren, die wir gelegentlich für einen Groschen beim Bäcker oder im Tante-Emma-Laden erwerben durften. Die umgehende Bilanz des Besitzes von Geld durch himmlischen Genuss hat viele von uns zu Kapitalisten gemacht. Allerdings haben spätere Anschaffungen nie wieder eine so schnelle und umwerfende Rendite erzielt.

1949 – 1959

Das waren Zeiten!

1949

erblicken nicht nur wir das Licht der Welt, sondern es schenkt dem Popbarden Herbert Grönemeyer die Inspiration für eines seiner schönsten Liebeslieder: **Die Berlinerin Herta Heuwer erfindet die Currywurst** – die aber noch nicht von Lieferheld gebracht werden kann, da das Versandhandelswesen in Deutschland 1949 mit der **Gründung des OTTO-Versands** gerade erst seinen Anfang nimmt. Apropos Gründung, auch aus der Taufe gehoben werden **NATO, DDR, BRD und DB**, worüber sich viel später die Musiker der Fantastischen Vier sehr freuen, weil so der Text ihres Hits „MfG" entsteht und sie nicht mehr selber dichten müssen.

1950

In der ersten Wochenschau nach dem Krieg können unsere Eltern im Kino die **Sprengung des Berliner Schlosses** bewundern. Im Fernsehen ist das mangels eines Senders nicht zu sehen, weswegen nun die ARD gegründet wird. Der Club Méditerranée erfindet die **All-inclusive-Reise**, hält diese Idee wohl aber selbst für so spinnert, dass man sich kein exklusives Nutzungsrecht darauf sichert. Selbst schuld!

1951

Gleich zwei Dinge werden der Weltöffentlichkeit präsentiert, die für uns später von allergrößter Bedeutung sein werden. **VW präsentiert den Bulli** und die Deutsche Grammophon stellt **die erste LP** vor, den Datenträger für die gewaltige Menge Rockmusik, die später noch komponiert und von uns beim Tanzen oder Fummeln abgespielt werden sollte.

1952

In Deutschland gibt es nun für 1.000 Anschlüsse ein tägliches Fernsehprogramm und die Tagesschau, in der man Zeuge der **Thronbesteigung von Queen Elisabeth II.** werden kann. Bei der Krönung im Jahr darauf sind dann schon 7.000 Zuschauer dabei, genau die Sorte Wachstum, die die DDR mit ihrem Parteitagsbeschluss zum Ausbau des Sozialismus 1952 verhindern wollte. Zumindest das ist den Genossen vollständig geglückt!

Drei Klassiker des Jahres 1952, von denen allerdings nur einer bis ins nächste Jahrtausend noch läuft und läuft und läuft ...

1953

Wir und die DDR waren gerade mal vier Jahre alt, als in der Ostzone die Frage laut wurde, warum der real existierende Sozialismus mit so viel weniger Konsumgütern, Strom und Freiheiten als der böse Kapitalismus auskommen muss und ob man eigentlich Lust habe, an dieser Weniger-ist-mehr-Bewegung teilzunehmen. Das überwiegende „Och nö" aus der bisher nicht befragten Bevölkerung führte am **17. Juni** zum **Volksaufstand.** Angeblich gegen zu hohe Arbeitsnormen, tatsächlich aber für alles, was sich die fetten Ottos im Westen mehr leisten konnten.

1954

Deutschland ist Weltmeister! Wenigstens ein Highlight in einem Jahr, das mit dem 11. April den statistisch „langweiligsten Tag des 20.Jahrhunderts" aufzuweisen hat. Genauso langweilig wie das Ergebnis der **zweiten Volkskammer-Wahl, das mit 99,46% Zustimmung für die SED** beinahe identisch mit dem Ergebnis der ersten Wahl ist. Vermutlich ein Fehler beim Übertragen der Zahlen …

1955

Mit der Eröffnung des **ersten „Wienerwald"-Restaurants** beginnt in der BRD die Erfolgsgeschichte von Adipositas, Typ-2-Diabetes und anderen Volkskrankheiten durch den Genuss von Fastfood. Bei so viel Amerikanisierung bleibt der BRD eigentlich keine Wahl: Sie tritt der **NATO bei** und wird Waffenbruder der Amerikaner. Die DDR bekommt mit der Mitgliedschaft im gerade neu geschaffenen **„Warschauer Pakt"** schon wieder nur die Russen. Schicksal ist ein Drecksack!

1956

Deutschland feiert die Vollbeschäftigung und Borussia Dortmund wird deutscher Fußballmeister. Fürst Rainier heiratet meilenweit unter Stand die Schauspielerin **Grace Kelly** und **Blendi,** die erste Zahnpasta nur für Kinder, kommt auf den Markt. Die eigentlich ebenfalls für 1956 geplante Wiederkehr des Herren wurde darum wegen Übererfüllung der Wunderquote auf unbestimmte Zeit verschoben. Jetzt würde es aber gerade wieder gut passen, Jesus!

1957

Das Wettrennen in den Weltraum beginnt. Der DDR schwant nichts Gutes, sie stellt deshalb die **Republikflucht** nun sicherheitshalber unter Strafe. Als weitere Sicherung baut man dort auch **den ersten Trabant**, ein Fahrzeug, mit dem eine solche Flucht kaum zu bewältigen ist. **Die 50 km/h, die nun innerhalb von Ortschaften als Höchstgeschwindigkeit** zugelassen sind, sind für dieses Wunderwerk sozialistischer Baukunst allerdings kein Problem.

1958

Endlich: Die Zeiten, in denen kein Schwein „La Paloma" pfeift, sind endgültig vorbei. Der Song steigt frisch komponiert und eingespielt in Radios und wird zum Ohrwurm des Jahres, der sich sicher auch bei **Elvis** festsetzt, der gerade auf Wehrdienstbesuch in Deutschland ist. Alles andere wäre ein Wunder gewesen, noch größer als das blau-weiße der Schalker beim Gewinn ihrer ersten deutschen Fußballmeisterschaft nach dem Krieg – und bislang ihrer letzten ... Wäre also mal Zeit für ein neues La Paloma!

1959

wird Fidel Castro kubanischer Präsident und die SPD verabschiedet ihr Godesberger Programm. Beides Nachrichten, die Karl-Heinz Köpcke als erster sichtbarer Anchorman der deutschen Nachrichten verlesen kann. Mattel stellt in Amerika eine Puppe vor, die „Barbie" heißt. Nach ganz anderem Spielzeug gelüstet es einen jungen Afroamerikaner – **Jimi Hendrix** kauft in New York seine erste E-Gitarre.

Asterix erblickt das Licht der Welt und wird bald den Gallischen Krieg gegen Julius Caesar gewinnen, nämlich als Lektüre im Lateinunterricht. Viele unseres Jahrgangs wurden aus schierer Dankbarkeit dafür frankophil und kaufen selbst den größten Schrott wie französische Autos oder machen in Paris Urlaub, um sich unfreundlich behandeln zu lassen.

Baujahr 1949 Es fährt ein Zug nach Nirgendwo

Die Schule hatte, trotz der deutlich verbesserungsfähigen Umgangsformen mit uns, auch ihre starken Seiten. Besonders, wenn sie für längere Zeit am Stück geschlossen war, entwickelte sie ihr ganzes Potential. Da Deutsche im Ausland noch nicht überall den besten Ruf hatten, blieben wir auch in den großen Ferien zu Hause oder besuchten zur Sommerfrische Verwandte in anderen Landesteilen – was manchmal wie eine Reise in ein fremdes Land erschien.

Die ersten Urlaubsziele unserer Kindheit lagen meistens auf dem Balkon-Balkan oder an der Côte de Freibad. Das war enorm praktisch, weil die Anreise nicht weit war und alle unsere Freunde zufälligerweise auch dort Ferien machten.

Italien hingegen war zunächst ein Ort aus Schlagertexten, den man, wenn überhaupt, nur mit hannibalesker Kühnheit erreichen konnte – wenn man mit einem 50-PS-Käfer mit fünf Insassen und Gepäck versuchte, die Alpen zu überqueren.

Zu Hause war es ohnehin viel besser.

Man konnte sich in den Ferien endlich intensiver mit der ersten Schwärmerei auseinandersetzen oder am Ufer des Badesees coole Gangarten oder Jungs-Missachten üben.

Alle wichtigen Vertrauten waren auf Armlänge, außer den armen Kreaturen, die wegen schlechter Noten die Ferien in Lern-Gulags verbringen mussten, die Sommer- oder Ferienschulen hießen und von Lehrkräften geführt wurden, die für den Einsatz in normalen Schulen als zu gewalttätig aufgefallen waren. Erst als wir etwas größer wurden, begannen unsere Eltern damit, uns ins Ausland zu verschleppen. Ob wir das wollten? Keiner fragte. „Kinderwille ist Kälberdreck", lautete die einhellige Einschätzung und letztlich trieb unsere Vorfahren ja ein sehr verständlicher Grund an fremde Gestade: Sie wollten endlich mal keine Deutschen sehen. Außer auf der Autobahn, wo man schon nach 100 Kilometern dem KFZ aus dem gleichen Zulassungsbezirk zuhupte. Diese Form der Begrüßung wurde nach dem Grenzübertritt schnell auf alle Fahrzeuge mit einem „D"-Schild ausgeweitet, um dann am Urlaubsziel kurzerhand eine deutsche Kolonie zu bilden, in der man sich über das labbrige Brot und die laxe Arbeitsmoral der Südländer aufregen konnte.

Wir waren da schon sehr viel internationaler aufgestellt und fanden schnell Freunde aus aller Herren Länder, denn wir litten alle an derselben Krankheit, die von unseren älteren Geschwistern übertragen wurde und sich seuchenartig unter uns verbreitete: **dem Rock 'n' Roll-Virus.**

Rock 'n' Roll-Musik war die Pest in den Augen unserer Eltern und genauso schnell breitete sie sich auch aus. Nur wegen dieses Höllenlärms verließen wir den Pfad der Tugend und des wohltemperierten Schifferklaviers, ließen uns die Haare wachsen und lernten, frech und unverschämt zu grinsen. Unsere armen Eltern hätten sich im Grab umgedreht, wenn sie schon drin gelegen hätten.

Und als hätte das schlechte Vorbild der Halbstarken nicht schon gereicht, schwappte zusammen mit unseren Pubertätshormonen auch noch die Beatwelle über uns herüber.

Unsere Eltern, eben noch gottgleiche Lenker unserer Schicksale, verloren über Nacht jegliche Autorität. Was konnten die schon wissen, wenn sie nicht mal die Vornamen der Beatles kannten und keine Pilzkopf-Frisuren hatten?!

Wir pfiffen darum zunehmend auf ihre hilflosen Bemühungen, uns wieder in ihre Gewalt zu bekommen, zumal das Arsenal ihrer Sanktionsmittel reichlich beschränkt und abgenutzt war. Wir büxten aus, wann und wo wir konnten und tanzten auf den Konzerten der lokalen Bands in Beatschuppen, wo nichts mehr an das Stillsitzen und Bravsein unserer Kindheit erinnerte.

Die wilden Sechziger waren da – und wir immer mittendrin!

Seriösen Verschwörungstheoretikern zufolge waren die Beatles und auch die Rolling Stones vom KGB ausgebildete Kader, deren Aufgabe die Zersetzung der westlichen Welt durch Auflösung der alten Werteordnung war. Allerdings hatte man nicht damit gerechnet, dass auch die sozialistische Jugend freiwillig nicht ausschließlich Halstuch und Pfadfinder-Look tragen und Maiaufmärsche als den Höhepunkt des Jahres betrachten würde. Selbst als Genosse Ulbricht persönlich die Yeah-Yeah-Musik als „Dreck" diskreditierte, wurde auch hinter dem Eisernen Vorhang nicht von deren Konsum abgelassen.

Die Tonfolgen der Beatlieder veränderten unsere Hirnströme und machten uns resistent gegen jede Form von Normen oder Vorschriften, was sich nicht zuletzt an der drastischen Veränderung unseres äußeren Erscheinungsbildes ablesen ließ.

Baujahr 1949 Kinder der Tauschwirtschaft

Aus heutiger Sicht gesehen, wuchsen wir in einer echten Entertainment-Wüste auf. Auch wenn die Zahl der Fernsehgeräte ständig wuchs, blieb uns bis 1963 lediglich ein Sender und der war noch nicht einmal RTL oder ProSieben, sondern ausgerechnet die ARD. Kein Wunder, dass da kaum was gesendet wurde, denn das Programm war bei den Öffis damals auch nicht besser als heute und die Zuschauerzahlen konnten bequem auf einer Strichliste festgehalten werden.

Da hatte das Radio mehr zu bieten. Neben den Schlagern waren es vor allem die Hörspiele, die uns in ihren Bann zogen. Sie waren der perfekte Soundtrack beim Basteln und vor allem beim Sortieren unserer Sammlungen. Das Horten von Dingen wurde uns von unseren traumatisierten Kriegseltern derart eingebimst, dass wir heute noch alles aufheben, ohne so recht zu verstehen, warum. Besonders Briefmarken hatten auf uns eine magische Wirkung. Sie kamen aus fernen Ländern und fernen Zeiten und verliehen so ihrem Sammler einen polyglotten Anstrich, der oft schamlos ausgespielt wurde, um unschuldige Mädchen auf das Jungenzimmer zu locken, um sie dort schamlos anzustarren.

Jungs, die Glanzbilder sammelten und Mädchen, die ihrem Schwarm ihre Briefmarkensammlung zeigen wollten, waren für uns so selbstverständlich wie mobiles Telefonieren: So etwas gab es schlichtweg nicht. Wer durch solches Verhalten auffiel, landete schnell in einem Erziehungsheim des regionalen Ordens, wodurch man oft genug den Bock zum Gärtner machte.

Irgendwann entdeckten die Fernsehmacher dann aber auch uns als Zuschauer und das Programm, dessen Kern-Sendungen wie „Zum Blauen Bock", „Tagesschau" und „Der Internationale Frühschoppen" nur sehr dosiert gesendet werden durften, weil sie in zu hoher Konzentration tödlich, nämlich tödlich langweilig, enden konnten, bot mit Serien wie „Bonanza", „Wyatt Earp greift ein" oder „Fury" und „Lassie" endlich Unterhaltung, die diese Bezeichnung auch verdiente.

Wir liebten unsere Stunden vor der Flimmerkiste, auch wenn wir weit davon entfernt waren, solche TV-Junkies zu werden, **... wie später unsere eigenen Kinder.**

Während sich die Mädchen darin übten, ihre Poesiealben mit Glanzbildern besonders putzig aussehen zu lassen, beschäftigten sich die Herren mit anlagewürdigen Wertpapieren. Viele saßen dabei leider dem schönen Schein auf und konnten dann den schon bestellten Ozean-Riesen doch nicht mit einer Briefmarke bezahlen, selbst wenn der dort notierte Wert eindeutig etwas anderes aussagte. Auch wenn man mit den anderen Marken kleinere Brötchen backen musste, reichten sie immerhin, um einen Brief, die Mutter aller WhatsApp-Nachrichten, zu verschicken.

Ab **1958** ritten wir mit Fury von einem Abenteuer zum nächsten.

Seit **1960** gab es dann gleich zweimal die Woche eine Kinderstunde und wir „warteten aufs Christkind" nun auch vor und mit dem Fernseher.

1961 erreichte mit „Hucky und seine Freunde" der Teufel „Zeichentrick" unsere Wohnzimmer, für den wir …

… **1962** schon fast ein bisschen zu erwachsen waren und uns darum lieber „Maverick" anschauten, der irgendwie viel cooler war als die …

… „Mainzelmännchen", die es im Krachneuen ZDF seit **1963** zu bestaunen gab und die für uns nicht annähernd so lustig waren, wie das „Dinner for One", bei dessen Premiere wir dabei sein durften und über das wir Jahrzehnte später immer noch lachen konnten, bis wir ab …

… **1965** im „Beat-Club" die erste richtige Musiksendung mit richtiger Musik zu sehen bekamen.

1949 Was ruhig jeder wissen soll –
Baujahr alle finden Schlager toll!

Das Teufelswerk, das der Rock 'n' Roll unseren älteren Geschwistern angetan hatte und sie zu Halbstarken und „flotten Bienen" entarten ließ, entfaltete mit dem Auftauchen der Beatles und der Rolling Stones endgültig sein ganzes zerstörerisches Potenzial.

Der Beat-Virus entstellte uns mit langen Haaren bis über die Ohren und deformierte unseren guten Geschmack mit engen Jeans und viel zu kurzen Röcken. Kein Wunder, dass Eltern und Pfarrer tief besorgt nach Rohrstock und Gürtel griffen, um das Böse aus uns heraus zu exerzieren. Dabei hätte ein Blick auf das Propaganda-Blatt des Sittenverfalls, die BRAVO, gereicht, um zu erkennen, dass wir in unseren Herzen auch nur romantische Backfische und Buben waren, die sich nach der ersten Liebe sehnten.

Denn auf den Titelbildern des Zentralmagazins für unseren Geschmack waren so gar keine üblen Schurken wie Gus Backus, Peter Alexander, Freddy Quinn oder Roy Black viel öfter vertreten, als englische Beatgruppen. Selbst der König der Finsternis himself, Mick Jagger, schaffte es dort erst 1965 auf Seite eins, als wir uns für so pubertäre Dinge wie Teenie-Zeitschriften schon kaum noch interessierten.

Denn neben aller Verehrung für die Fab Four und ihre Wegbegleiter liebten wir unsere deutschen Schlagerlieder – so sehr, dass selbst die Beatles einige ihrer Lieder für uns auf Deutsch sangen – was sie, aus heutiger Sicht, vielleicht besser nicht getan hätten. Aber auch Götter können irren.

Die beste Jukebox aller Zeiten

Man singt Deutsch!

A1	Conny Froboess:	*Zwei kleine Italiener*
A2	Freddy Quinn:	*Alo-Ahe;*
A3	Rex Gildo:	*Kleiner Gonzales (Speedy Gonzales)*
A4	Gerhard Wendland:	*Tanze mit mir in den Morgen*
B1	Manuela:	*Schuld war nur der Bossa Nova*
B2	Freddy Quinn:	*Junge, komm bald wieder*
B3	Cliff Richard:	*Rote Lippen soll man küssen*
B4	Billy Mo:	*Ich kauf' mir lieber einen Tirolerhut*
C1	Siw Malmkvist:	*Liebeskummer lohnt sich nicht*
C2	The Beatles:	*Komm, gib mir deine Hand*
C3	Bernd Spier:	*Das kannst du mir nicht verbieten*
C4	Heidi Bachert:	*Mein Boy Lollipop*
D1	Roy Black:	*Du bist nicht allein*
D2	Peggy March:	*Mit 17 hat man noch Träume*
D3	Drafi Deutscher:	*Marmor, Stein und Eisen bricht*
D4	Bernd Spier:	*Memphis Tennessee*

Der Beat hat uns verrückt gemacht

E1	Tommy Roe:	*Sheila*
E2	Helen Shapiro:	*Walking Back to Happiness*
E3	Elvis:	*(You're the) Devil In Disguise*
E4	Chris Montez:	*Let's Dance*
F1	Buddy Holly:	*Brown Eyed Handsome Man*
F2	The Beatles:	*Twist and Shout*
F3	Swinging Blue Jeans:	*Hippy Hippy Shake*
F4	The Searchers:	*Needles and Pins*
G1	The Animals:	*House of the Rising Sun*
G2	The Beatles:	*Can't Buy Me Love*
G3	Sam the Sham and the Pharaohs:	*Wooly Bully*
G4	The Beatles:	*Help!*
H1	The Rolling Stones:	*The Last Time*
H2	The Supremes:	*Stop! In The Name of Love*

Baujahr 1949 Traumland Leinwand

Der Fernseher wurde zwar mit jedem Jahr ein immer attraktiverer Mitbewohner, hatte aber auch einen gewaltigen Haken: Er war Single und datete mit großer Vorliebe Mama und Papa, die durch ihr inniges Liebesverhältnis zum neuen „Pantoffelkino" ein mächtiges Kinosterben auslösten. Wir hielten dagegen, wo wir konnten und investierten jede Mark in die Rettung von James Bond, Balduin und einem dreckigen Dutzend Revolverhelden aus dem Spaghetti-Western.

Das Kino dankte es uns mit einem großen, dunklen Raum, in dem wir unerkannt rauchen, fummeln, trinken und unglaublich erwachsen sein konnten. Dort verliebten wir uns Händchen haltend und schmusend in Brigitte Bardot und Sophia Loren, was deutlich leichter war, als zu Hause in Inge Meysel und Lotte Rausch.

Wir schmachteten Sean Connery und Clint Eastwood an, die erheblich mehr Sexappeal zu bieten hatten als Heinz Erhardt oder Hans-Joachim Kulenkampff – allein an ihren Namen sollst du die Playboys erkennen! Zum Verhängnis wurden manchen von uns die beliebten Ohne-Pause-Kinos, aus denen einige verlorene Seelen erst nach vielen Jahren bei der Schließung des Lichtspielhauses wieder herausfanden und die nun, als Folge ihrer entkoppelten Weltfremdheit, ihr Leben als Redenschreiber und Regierungssprecher politischer Parteien fristen müssen.

Kino kann auch grausam sein.

Wir waren dabei ...

... als Sean Connery als **JAMES BOND** dem **GOLDFINGER** auf dieselbe haut und es in **DAS GROSSE RENNEN UM DIE WELT** die gewaltigste Tortenschlacht aller Zeiten zu sehen gibt.

Wir machten staunend **DIE PHANTASTISCHE REISE** in einem Mini-U-Boot durch den menschlichen Körper mit, ohne zu ahnen, dass daran eines Tages nichts mehr phantastisch sein würde.

Obwohl wir dafür eigentlich schon viel zu groß waren, versuchten auch wir es mal mit Gemütlichkeit und besuchten Mogli aus dem **DSCHUNGELBUCH**, um dann durch Oswald Kolle mit dem **WUNDER DER LIEBE** die Basics kennenzulernen, ohne die der **SCHULMÄDCHEN-REPORT** gar nicht hätte stattfinden können.

Bei so viel befreiter Lust merkten nur die wenigsten von uns, dass uns Stanley Kubrick mit dem Computer HAL in **2001: ODYSSEE IM WELTRAUM** die Mutter von Alexa zeigte, damals allerdings noch nicht im Amazon-Prime-Abo.

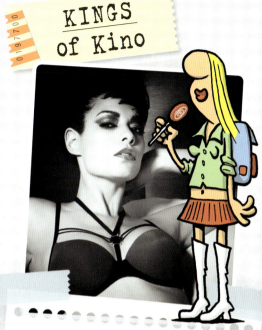

KINGS of Kino

Schulmädchen, Hausfrauen, Sekretärinnen – alle mussten zum „Report" und dort ihr zügelloses Liebesleben beichten. Das legte den Schluss nahe, dass Sodom und Gomorrha keineswegs biblische Sündenpfuhle, sondern Kleinstädte in Hessen und Baden-Württemberg sein mussten. Viele Männer versuchten daraufhin umzuziehen, konnten diese Orte aber mangels Navi und GPS nicht finden und blieben zu Hause, wo es immerhin mittags warmes Essen und morgens frischgewaschene Hemden gab – noch.

1960 – 1969

Das waren Zeiten!

1960

Mann des Jahres ist mitnichten **Kennedy**, der ja auch erst einmal nur ins Weiße Haus einzieht – und das als 35. seiner Art –, sondern **Uns Uwe**, der in Deutschland zum ersten **Fußballer des Jahres** gewählt wird. Ein Spieler des HSV! Das Leben ist verrückt! Vor lauter Freude läuft **Armin Hary** die 100 Meter als erster Mensch unter zehn Sekunden und die Beatles, als echte Uwe Seeler-Fans, beginnen ihr Engagement in Hamburg, um ihrem Idol nahe zu sein. Uwe Seeler for President!

1961

kommt die **Pille** auch in Deutschland auf den Markt. Ein ebenso verzweifelter wie aussichtsloser Versuch, die abzusehende Katastrophe für die Rentenkassen zu stoppen, ist da wohl die **Einführung des Kindergeldes** im selben Jahr. **Gagarin ist der erste Mensch im All** und sieht von dort aus den **Beginn des Mauerbaus**. Kein schöner Anblick. Ebenso wenig wie **das erste deutsche AKW** in Kahl, das nun Strom für die deutschen Steckdosen liefert. Strahlenangst, das war noch was für Weicheier.

> Verhütung war 1961 ein Riesenthema und es wurde wirklich alles Menschenmögliche unternommen, um noch mehr Einwohner in Westdeutschland zu verhindern.

1962

Der erste echte Straßenfeger läuft im Fernsehen. Der Mehrteiler „**Das Halstuch**" sorgt nicht nur für leere Gaststätten und ausgefallene Nachtschichten, sondern ist auch das erste Opfer eines Spoilers! Der Kabarettist **Wolfgang Neuss** leakt via Zeitungsanzeige, wer der **Mörder** ist.

1963

Während **Dr. Martin Luther King** in Amerika noch träumt, werden für Deutschlands Männer die wildesten Fieberfantasien wahr: **Die Fußball-Bundesliga startet in ihre erste Saison** und verändert damit für immer den Samstagnachmittag, wie wir ihn aus 5.000 Jahren Kulturgeschichte kannten. **Das ZDF und mit ihm die Mainzelmännchen geht ebenfalls auf Sendung.** Leider nicht nur mit schönen Nachrichten: **Kennedy wird ermordet und Nelson Mandela verhaftet.**

1964

Der schwarze Sportler **Cassius Clay wird Boxweltmeister** und wohl aus Furcht vor schlimmer Kloppe unterschreibt **Präsident Johnson das Gesetz zur Aufhebung der Rassentrennung.** So weit ist man in Köln noch nicht, dort warnt Kardinal Frings noch vor Mischehen, allerdings der religiösen Art. Das kann die Jüdin **Elizabeth Taylor** und den Presbyterianer **Richard Burton** allerdings auch nicht davon abhalten, sich ins gemeinsame Ehe(un)glück zu stürzen.

Bessere Nachrichten gibt es da für den deutschen **Fußgänger**, der nun am **Zebrastreifen** Vorrang genießt und nicht mehr für Lackschäden aufkommen muss, wenn er dort überfahren wird.

Das hätten sich die feinen Herren Beatles in Deutschland vor 1964 nicht getraut, denn dort konnte man auf dem Zebrastreifen schnell mal unter die Räder kommen.

1966

Die Bundeswehr hat genug von den vielen Nieten und ersetzt das Losverfahren für Wehrpflichtige durch die **Musterung**. Die so Gemusterten müssen glücklicherweise nicht in den **Vietnamkrieg** wie ihre amerikanischen Altersgenossen. Schwein gehabt! **Die Beatles bekommen den Orden of the British Empire.** Ringo soll vorher auf der Toilette des Buckingham-Palastes schnell noch einen Joint geraucht haben. Ob Prinz Charles auch mit dabei war, ist nicht bekannt.

1967

Die erste GroKo ist da! Merkel heißt da noch **Kiesinger** und hält auch nur drei Jahre durch, aber der Anfang ist gemacht. In England wird Deutschland durch das **Wembley-Tor** nicht Fußball-Weltmeister und in Kalifornien wird mit **Ronald Reagan** endlich mal ein professioneller Schauspieler zum **Gouverneur** gewählt. Die Beatles beenden ihre Karriere als Bühnenmusiker, weswegen das deutsche Fernsehen den „Talentschuppen" eröffnet, allerdings ohne damit wirkliche Ergebnisse zu erzielen …

Die Bürger der DDR erhalten ihre eigene Staatsbürgerschaft – es sind also nicht nur Wohnungen, Autos und Telefone, auf die man im Ostteil Deutschlands 20 Jahre warten muss.

Elvis heiratet in Las Vegas Priscilla und begründet damit eine ganze Vermählungsindustrie.

Crying in the Chapel: Elvis ist nicht nur der Wegbereiter für die schnelle Ehe zwischendurch, er gilt auch als der erste Mann, der das Brautkleid trägt – eine Vision, die sich aber leider bis heute nicht voll durchsetzen konnte.

1968

Das Jahr 1968 markiert den Übergang in die moderne Welt, wie wir sie kennen: **Quelle beginnt mit dem Versand von Tiefkühlkost** und **Dick Fosbury** revolutioniert den **Hochsprung**. Warum seine neue Erfolgstechnik „**Flop**" heißt, bleibt bis heute sein Geheimnis. **Intel und Led Zeppelin werden gegründet** und die Wahl Nixons legt den Grundstein für die **Watergate-Affäre**.

1969

Woodstock: Wir waren alle da. Zumindest mit unseren Gedanken. Außer denen von uns, die mit **Michael Holm** nach **Mendocino** fuhren oder mit Elvis in the Ghetto zogen. Auch **Neil Armstrong** war verhindert, er musste zum **Mond**, wo das Wetter entschieden trockener war als in **Woodstock**. John Lennon und Yoko Ono haben derweil gar keine Lust wegzugehen, sie bleiben einfach im Bett. Eine Woche lang. **Ohne Netflix.** Ohne Fernbedienung. **Diese verrückten Hippies!**

Während die Hippies an einer hochkomplexen Idee bastelten, nach der alle friedlich und in Liebe miteinander Musik hören sollten, machten es sich die schlichteren Gemüter der NASA einfacher und flogen mit der Technologie eines heutigen Bügelautomaten bis zum Mond. Man muss einfach wissen, was am Ende realistisch umzusetzen ist.

Baujahr 1949 Hau' alle über 30!

Auch wenn unsere alten Herrschaften aus heutiger Sicht vielleicht doch ein kleines bisschen mehr Dankbarkeit für ihre Mühen und Leistungen beim Wiederaufbau nach dem Krieg zugestanden hätte, waren wir mit jedem Jahr, das wir älter wurden, immer unzufriedener mit den herrschenden Verhältnissen.

Immer nur Verbote, Ohrfeigen und Hausarrest als Antwort auf jede kleine Veränderung waren auf Dauer eher suboptimal und irgendwie auch nicht mehr zeitgemäß. Zumal sich im weit entfernten Kalifornien die Menschen die Häupter mit Blumen schmückten und die universale Liebe predigten. Wie eine Horde Jesusse, nur noch haariger. Unsere Eltern wollten davon nichts hören. Die Bergpredigt gehörte dem Herrn Pfarrer und nicht irgendwelchen Hippies aus dem Amiland, die sich Haschisch in die Venen spritzten. Weil wir aber erst mit 21 Jahren wählen durften und Ho Chi Minh wegen anderer Verpflichtungen in Vietnam sowieso nicht für das Amt des Bundeskanzlers kandidierte, mussten wir uns andere Möglichkeiten suchen, um unseren Unwillen kundzutun …

… und die Welt nach unseren Vorstellungen zu verändern.

Hippie oder Hipster – das hatten wir damals beides drauf. Ganz ohne Soja-Latte, Bart-Barbier oder Absinth-Bar. Wir waren einfach so.

Wir demonstrierten gegen Krieg, Muff und die Obrigkeit, ... warfen auch mal ein paar Steine und bekamen dafür furchtbare Dresche von der Polizei. Unsere Kleider waren bunt und weit, unsere Musik wild und voll neuer Klänge, unsere Küchentische der Platz für nächtelange Debatten und Streit um den Weg ins Shangri-La. Unsere Mädchen durften auf einmal alles, was bisher nur Männer durften. Die wiederum betäubten den Verlust ihrer Vorrechte mit Lambrusco und schufen die Grundlage für die blühende Rotwein-Industrie, wie wir sie heute kennen und schätzen. Leider glaubten ein paar Knalltüten, dass man eine gerechtere Gesellschaft mit Pistolen erschaffen könnte und machten unsere Utopie dann doch nicht machbar für den Nachbar.

Das war dann für die meisten von uns der Startschuss in eine doch eher bürgerlichere Welt, die zwar bunter war als die unserer Erzeuger, am Ende aber von denselben Sorgen geleitet wurde: Miete, Auto und „Was sollen denn die Nachbarn sagen?". Wir bekamen einen ganzen Haufen Kinder, merkten, dass Ehen nicht zwangsläufig ein Leben lang halten mussten und schufen damit neben der Patchwork-Jeans auch die ersten Patchwork-Familien. Vieles, was heute selbstverständlich ist, haben wir als erste ausprobiert, **wir vom Baujahr 1949!**

Wer sich nicht wehrt, der lebt verkehrt. So haben wir aus dem miefigen Deutschland die moderne Republik von heute gemacht und wir sind immer noch jederzeit bereit für Streit – eine Haltung, die leider vielen Milchbärten der jüngeren Generationen heute fehlt.

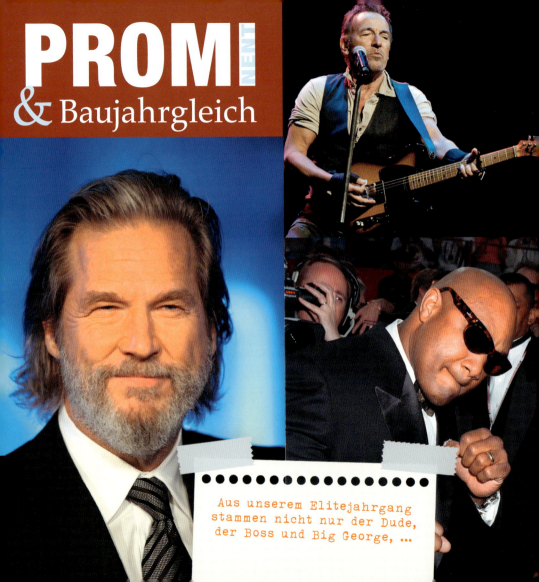

PROMINENT
& Baujahrgleich

Aus unserem Elitejahrgang stammen nicht nur der Dude, der Boss und Big George, ...

... sondern mit Meryl Streep und Sigourney Weaver zwei Weltklasse-Schauspielerinnen und mit Horst Seehofer ein waschechtes Alien.

Baujahr 1949 Zwischenhalt „Heute"

Wir wissen aus eigener Erfahrung, früher war auch nicht alles schlecht und schon gar nicht alles besser.

Das Leben ist eine Reise und wir haben schon eine ganze Menge gesehen. Auch wenn wir uns wünschen würden, dass unsere Kinder und Enkel weniger auf ihre Smartphones schauen und sich mehr für die reale Welt interessieren würden. Denn, wenn das so weitergeht, werden hier bald die Roboter übernehmen und dann ist es für Prostest vielleicht zu spät.

Mit unseren Vergleichsmöglichkeiten sind wir letztlich froh, dass wir in einer Zeit Kinder waren, in der wir das Wasser aus Wasserhähnen und nicht aus Flaschen tranken. Wir verließen morgens das Haus zum Spielen. Wir blieben den ganzen Tag weg und mussten erst zu Hause sein, wenn die Straßenlaternen angingen. Niemand wusste, wo wir waren und wir hatten nicht einmal ein Handy dabei!

Sie waren gekommen, um zu bleiben. Warum sind die blöden Kisten nicht einfach im Raumschiff Enterprise geblieben?

Wir aßen Kekse, Brot – mit etwas Glück mit Butter –, tranken viel und wurden trotzdem nicht dick. Wir hatten keine Follower oder WhatsApp-Gruppen. **Wir hatten Freunde!**

Wir gingen einfach raus und trafen sie auf der Straße. Oder wir marschierten zu deren Heim und klingelten. Keiner brachte uns oder holte uns ab. Wie war das nur möglich? Wir dachten uns Spiele aus. Wir aßen Würmer. Und die Prophezeiung traf nicht ein: Die Würmer lebten in unseren Mägen nicht für immer weiter. Wenn einer von uns gegen das Gesetz verstoßen hatte, war klar, dass seine Eltern ihn nicht aus dem Schlamassel raushauen würden. Im Gegenteil: **Sie waren derselben Meinung wie die Polizei!**

Unsere Generation hat eine Menge innovativer Problemlöser und Erfinder mit Risikobereitschaft hervorgebracht. Wir hatten Freiheit, Misserfolg, Erfolg und Verantwortung. Wir waren Helden – so was baut heute keiner mehr!

Diese Zeiten sind leider unwiederbringlich vorbei. Aber wir werden alles tun, dass auch unser Nachwuchs dasselbe von seinen schönsten Lebensjahren sagt!*

(*Auch wenn es unter ihnen reichlich verzogene Wellpappen gibt, die man am liebsten ... Aber das macht man heute ja nicht mehr.)

Bildnachweis:

Seite 7: Galyamin Sergej/Shutterstock.com
Seite 8: IgorGolovniov/Shutterstock.com
Seite 9: Everett Collection/Shutterstock.com
Seite 10: cate_89/Shutterstock.com
Seite 11, 24 unten: E.Sekowska/Shutterstock.com
Seite 13, 25, 27, 33 und 44: iStock by getty images
Seite 14: Roman Nerud/Shutterstock.com
Seite 16: Miiisha/Shutterstock.com
Seite 17: Anton Kudelin/Shutterstock.com
Seite 18: Fanfo/Shutterstock.com
Seite 19 oben: Andre Bonn/Shutterstock.com
Seite 19 unten: Veronika Sekotova/Shutterstock.com
Seite 20: Martin Rettenberger/Shutterstock.com
Seite 21 links: Shaun Jeffers/Shutterstock.com
Seite 21 Mitte: K. Egorychev/Shutterstock.com
Seite 21 rechts: Pincasso/Shutterstock.com
Seite 23: matteo_it/Shutterstock.com
Seite 24 oben: fewerton/Shutterstock.com
Seite 24 unten: Elzbieta Sekowska/Shutterstock.com
Seite 25: iStock by getty images
Seite 26 links: Magi Bagi/Shutterstock.com
Seite 26 rechts: mar_chm1982/Shutterstock.com
Seite 27: iStock by getty images
Seite 28 und 29 unten: IgorGolovniov/Shutterstock.com
Seite 29 oben: Oldrich/Shutterstock.com
Seite 29 Mitte: July Store/Shutterstock.com
Seite 29 ganz unten: LiliGraphie/Shutterstock.com
Seite 30: United Archives GmbH/Alamy Stock Foto
Seite 31: Jakkapan/Shutterstock.com
Seite 33: iStock by getty images
Seite 35: Elena Platonova/Shutterstock.com
Seite 36: AlexanderZe/Shutterstock.com
Seite 37: neftali/Shutterstock.com
Seite 38 links: Usa-Pyon/Shutterstock.com
Seite 38 rechts: Jhon doe/Shutterstock.com
Seite 39 oben: An Vino/Shutterstock.com
Seite 39 unten: Castleski/Shutterstock.com
Seite 40: LiliGraphie/Shutterstock.com
Seite 41: M-SUR/Shutterstock.com
Seite 42 links: DFree/Shutterstock.com
Seite 42 oben: Jack Fordyce/Shutterstock.com
Seite 42 rechts: Featureflash P.A./Shutterstock.com
Seite 43 links: s_bukley/Shutterstock.com
Seite 43 rechts oben: photocosmos1/Shutterstock.com
Seite 43 rechts unten: Jaguar PS/Shutterstock.com
Seite 44: iStock by getty images

1. Auflage 2018

© 2018 Lappan Verlag
in der Carlsen Verlag GmbH, Oldenburg/Hamburg

ISBN 978-3-8303-4428-5

Alle Rechte vorbehalten. Das Werk darf – auch teilweise –
nur mit Genehmigung des Verlages wiedergegeben werden.

Idee und Text: Michael Kernbach
Umschlag- und Innenillustrationen: Miguel Fernandez
Lektorat: Leonie Bartels
Herstellung und Gestaltung: Ulrike Boekhoff

Druck und Bindung: Livonia Print
Printed in Latvia

**Triff uns auf facebook.com/Lappan Verlag
und auf instagram.com/lappanverlag**

www.lappan.de

MIX
Papier aus verantwortungsvollen Quellen
FSC® C002795